錢玄同 著

說文段注小箋

中西書局

圖書在版編目(CIP)數據

說文段注小箋 / 錢玄同著. -- 上海 : 中西書局, 2025. -- ISBN 978-7-5475-2434-3

Ⅰ. H161

中國國家版本館CIP數據核字第20258JW438號

說文段注小箋

錢玄同 著

特約策劃 黄曙輝
特約編輯 湯 琳
責任編輯 葛熠穎
裝幀設計 崔 明
責任印製 朱人傑
出版發行 上海世紀出版集團
中西書局(www.zxpress.com.cn)
地 址 上海市閔行區號景路159弄B座（郵政編碼：201101）
印 刷 上海世紀嘉晉數字信息技術有限公司
開 本 700毫米×1000毫米 1/16
印 張 16.25
版 次 2025年6月第1版 2025年6月第1次印刷
書 號 ISBN 978-7-5475-2434-3/H・163
定 價 320.00元

出版説明

《説文段注小箋》，一出吴興錢玄同先生，一出蘄春黄季剛先生，其来源爲章太炎之《説文》授课。

錢玄同於一九〇五年十二月隨兄錢恂赴日本東京，次年入早稻田大學師範科。其時，章太炎正在東京辦《民報》。一九〇八年三月二十二日，錢玄同至太炎處，請講國學，并請先講小學，得太炎首肯。四月十一日起，章太炎在大成中學講音韵、《説文》部首、《莊子》、《文心雕龍》、《文史通義》等。七月十一日，太炎又在《民報》寓所另設講壇開講，聽講者有周樹人、周作人、許壽裳、錢家治、龔寶銓、錢玄同、朱希祖、朱宗萊八人。《説文段注小箋》之成書，則在錢玄同兼任北大預科文字學教員時，油印講義《説文學》二册行世，即此《説文段注小箋》。

經郭萬青之詳細比對，《説文段注小箋》黄著與錢著條目基本相同，但錢著比黄著多出一百一十九條，二著相同條目中有二百三十四條存在着差别，蓋祖述太炎師説，而記録各異，兩人又自有發揮，其不同宜也。黄著收入《説文箋識四種》（上海古籍出版社一九八三年）中，流傳較廣，錢著則知者較少。

錢著《説文段注小箋》雖着墨無多，而精言雅訓實不少，張舜徽先生爲《説文解字約注》，即多用其中之説。今據上海圖書館所藏油印講義影印，以饗讀者。

目録

說文段注小箋一（一篇上）

錢玄同

一部

一　「一二三」三字乃最初古文而為小篆所沿用者故列為正篆「弌弍弎」三字乃後出古文而為小篆所廢棄者故仍名曰「古文」

二部

旁　近旁者借為傍◎　古無「膨」字亡作旁◎

示部

礼

訓一

神　訓治者借為儌◎　神農者治農也亦借為儌◎

祇　訓適者借為啻

祠　後世所謂「祠堂」之祠借為祀◎

祝　祝髮「天祝予」之祝皆借為殊◎

禪　禪讓借為單◎

玉部

球　圜形曰球借為鞠

璣　扇墜本作璣

珇　訓好者借為[illegible]◎

瑕　「騢」「霞」二字、皆為說文所無、古正作瑕◎

琱　與「彫」同字。相承多借「雕」為之。

理　治亂本作理◎

瑣　瑣碎借為貟◎　古無「鎖」字，亡作「瑣」、實借為鋜◎

珧　「江瑤」柱本作珧◎

瑰　瑰瑋、瑰異、借為傀◎

瑚　瑚璉借為𥂁◎

珋　今又作琉。

玨部

訓一

班

班布借為糞◎　班氏借為虨◎

气部

气

隸省作「乞」。求乞借為[illegible]◎

（一完）

說文段注小箋二（一篇下）

錢玄同

屮部

屮　屮即徹之初文。

屯　莊子至樂「生於陵屯」、屯借為𠂤。訓聚、訓盈、訓滿者亦借為𠂤。

毒　毒之本義、當指毒藥而言。引申訓痛、訓苦訓憎。其訓厚者借為𠅘。竺。

艸部

言二

莊

朱駿聲曰、此字从艸壯聲。許不箸說解其義失傳。唐韵「草盛皃」、是謂草之壯、亦望文生訓也。或曰檀弓「柳莊」古今人表作「壯」。詩君子偕老箋「顏色之莊」、莊子天下「不可與莊語」釋文皆云「本作壯」。嚴敬、當為壯之本訓。大者、以壯為奘耳。爾雅釋宮「六達謂之莊」、亦借為奘此義後來引申為山莊。

荅

酬荅借為對。爾雅作「畣」乃後起字、本作「畣」、从田、合聲。形誤為「畣」。

萁　與芋轉注。

蘇　樵蘇借為穌◎　死而復生曰蘇借為朔◎

荏　論語色厲而內荏荏借為栠◎

荳　與苄轉注。

葵　詩采菽天子葵之葵借為揆◎

莒　與芋轉注。

蘧　莊子天運仁義先王之蘧廬也蘧借為遽◎

蘘　葍蒩猼且巴且蓴菹䨱蒩皆疊韻字字異音同今作芭蕉。

言二

蘆　蘆葦借為葭◎

藼　引申訓忘。「安得藼艸」、今詩借諼為之。又考槃「永矢弗諼」、淇奥「終不可諼兮」、今皆作藼◎

藩　詩之綠藩猗猗、毛詩作「竹」、乃通借字。藩與茿同字。

藒　與「芞」轉注。

芧　莊子齊物論「狙公賦芧」、借為杼◎

藎　詩文王「王之藎臣」、借為進◎

虊　今之所謂「蓴菜」、正當作虊◎虊菜◎

萬　考工記輪人、「萬之以眡其匡也」、借為槷◎

薛　今所用菩薩之「薩」字、即薛字形誤。薛省作「薛」、又變作「薛」作「薛」、又於其右下誤多一畫、因作「薩」矣。　或見右旁之「産」似「産」字、又改「薩」、尤誤。

茅　爾雅釋言「茅明也」、即借為明◎

莙　今語称水藻曰「莙艸」讀若溫。

莒　蕾莒之莒古正作呂◎　呂已部「呂」、賈傳中說、意呂賣也」。作「莒」者、當為借字。

芺　今之「芺」字、即芙字之形誤。借為媄◎

訁〃三

莩　孟子「塗有餓莩」借為𠬪◎漢書中山靖王勝傳「非有葭莩之親」借為稃◎

荓　詩桑柔「荓云不逮」借為𢓜◎

蘉　「灌渝」朱駿聲謂借為彏揄◎「始生屈曲抽引、屯然難出之意」（彏之古義、弓曲也。揄之本義引也。）是也。本謂葭蘆之萌芽、引申為凡始之称、字亦變為「蘿蕍」、又借用「權輿」（皆見尔疋）彏又変作「⿱大雚」。（見方言）

葍　與「葍」同字。

苗　與「蓨」同字。

藐　藐視借為秒◎

艾　訓治者借為⿱辟乂◎

莿　與「茦」同字。

董　訓治、訓正者皆借為督◎

芩　黃芩借為⿱𠆢金◎

蘜　「鞠有黃華」本作蘜今借「菊」為之

薕　與「蒹」同字。

芍　芍藥借為勺◎

兑二

四

六

苵　與「蕛」同字。

蕣　「朝菌」不知晦朔、「菌」本作蕣◎

莛　與「莖」同字。

葉　中葉、末葉、皆借為世◎

茲　孟子「今茲未能」、今茲、今年也。年曰「載」者、本作茲◎

蔇　左傳、猶懼不蔇。蔇訓及、借為臮◎

芼　訓擇者、借為覒◎

葻　字亦从屮作「嵐」、因誤為从山作「嵐」。

荒　洪荒借為巟◎

蔽　隱蔽借為芾◎

⿱艹矜　與「蔦」同字。

蔡　「蔡蔡叔」上蔡字借為⿱殺米◎

薄　旁薄借為溥◎「日月薄蝕」借為普◎厚薄借為泊◎

薙　「夷三族」之夷夲作薙◎

蕢　今語狀香或曰「香蕢々」音如噴。

藉　藉乎借為耤◎

茨　詩「牆有茨」借為薺◎

苫　後世音变字变作「繖」、今又作「傘」。

萎　萎敝借為㱻◎

蕉　芭蕉古作巴◎且◎

𦳊　今作「屎」。

芥　艸芥、纖芥皆借為丯◎

萄　蒲萄古亡作蒲◎陶◎

薔　今以名「薔薇」音牆、別音別字。

荼　今之「茶」字、古亡作荼◎

蓧　蓧重借爲寶◎

草　草木借爲屮◎

蓐部

蓐　古無「褥」字，亡作蓐◎

茻部

莫　今作「暮」。莫訓無者即借爲無◎　莫訓禁止詞者借爲毋◎　論語「文莫吾猶人也」借爲慔◎

（二完）

言

六

八

說文段注小箋三（二篇上）

錢玄同

小部

少　引申為老少之少（今讀去聲）伯叔本作少◎

八部

八　即「分」「別」之古字。

曾　曾祖曾孫借為層◎　訓何者今作「怎」。

尚　「庶幾」之訓，亦借「黨」字為之，今作「儻」。　高尚借為上◎　漢官之「尚方」「尚食」借為掌◎　尚公主

兂三

⿱亠⿱丷口　借為當◎

詹　楚辭之「詹尹」借為占◎

介　與「界」同字。介　特。一介皆借為孑◎

八　與「別」同字段說非。

余　孟子「舍皆取諸其宮中而用之」、「舍」當訓何、本作余◎今作「啥」、音轉為「什麼」。

⿱𠆢余　與「余」同字。

釆部

釆　此為「辨」之初文。

番　今語称手掌足掌或曰「手板」「脚板」板卒作番◎
唐人称紙一葉曰「番」借為版◎

牛部

牻㹁　左傳之「尨涼」卒作牻㹁◎

牟　牟追借為冃◎

物　物故借為歾◎

口部

噭　「呼也」之訓借為叫◎

喙　訓困極者借為喘◎

言三

吻　吻合借為脗◎

咳　引申之小兒亦稱曰「孩」

嗌　與「啖」同字。

嘰　與「既」同字、即今語「喫飯」之喫字。

嘽　與「喘」同字。

呼　與「嘑」「𧦝」同字。

啍　訓重遲者借為鈍◎

嚽　文質本作嚽◎

咨　咨嗟借為嗞◎

唱　歌唱借為倡◎

和　調和借為龢◎

咥　今語狀笑曰「笑咥咥」、咥正讀許既切。今語狀笑聲曰「哈哈」、「呵呵」皆啞之音变。訓

啞　瘖者今作嚘◎見莊子庚桑楚篇。說文未收此字。

噱　今語狀笑曰「格格」、格格即噱◎噱◎

唏　當以一曰之訓為本義。訓笑者借為咥◎

嘄　與「叫」、「噭」、「訆」皆同字。

兑三

哉　訓始者借為才◎

嘫　然否本作嘫◎

呈　訓見（今作現）者借為壬◎　訓示者又由現義引申

右　今作「佑」　左右借為又◎

周　周帀借為𠣬◎

唐　《爾雅》「中路謂之唐」、借為場◎

嘾　今語稱味曰「味道」、道本作嘾◎

吃　今語稱食曰吃、借為嘰◎字亦作「喫」。

哽　「祝哽在前」借為骾◎

啁　本義當為戲謔字。亦作「謿」「嘲」亦借「調」字為之

呧　與「詆」同字。

呰　與「訿」「訾」同字。為義為訶、引申訓弱、訓窳、訓短。

咉　與嗌轉〻

噧　左傳之「噧言」今作「躛言」（哀廿四年）字借為[言萬]◎

啜　嘮啜、今語轉為「嘮叨」。

嘳　今蘇州語稱嚏曰嘳嚏。

唇　震驚本作唇◎

說三

嘖　繁嘖（今作賾）借為積。

哤　尨雜本作哤。

叫　與「嘂」「訆」「嘄」皆同字。

嘅　慨歎本作嘅。

哨　巡哨借為嗾。

⿰口叔嗼　與「⿱宀尗⿱莫夕」同字。今作「寂寞」。

哮　咆哮借為虓。

吅部

吅　與「讙」同字。今作「喧」。

一曰之訓借為⿰月襄◎

嚴 威嚴借為儼◎

咢 今作「諤」。噩噩訓驚者借為遌◎今亦作「愕」。

單 章太炎謂當从金文作[金文字形]亦作[金文字形]形誤作單、當以毛傳「相襲」之義為夲訓。是也。禪讓夲作單◎ 單複借為禪◎ 訓大者借為奲◎

走部

趨 與「走」轉注。

赴 報告夲作赴◎赴字亦作「訃」。

乚三

五

十三

說走

趣　歸趣、旨趣借為趨◎

趫　與「蹻」同字。

趯　與「躍」同字。

越　對越、飛越皆借為揚◎

趠　與「卓」同字。

⿺走夋　詩之駿奔本作⿺走夋◎

⿺走咅　與「踣」同字。

⿺走亘　爰田、爰書本皆作⿺走亘◎

⿺走真　與「蹎」同字。

趙　與「踊」同字。

止部

踵　足踵夲作歱◎

歷　歷法為其引申義今作「曆」。

（三完）

乞三

六

十四

說文段注小箋四　二篇下

錢玄同

正部

乏　遷乏借為貶◎

是部

尟　鮮罕訓少者本皆作尟◎

辵部

辵　今之「踱」字即辵之变骵。

逹　率先將帥本皆作逹◎　與「衛」同字。

謏 伍

⿺辶旦　訓存者即借為存◎

遦　與「摜」同字。

逪　交錯夲作逪◎

逆　與「迎」轉注。

逢　古音在重脣、今語謂相遇曰「碰見」、「碰」即逢◎字

碰擊借為夆◎

逮　與「隶」同字。

逶迆　經典借「委蛇」字為之。

違　違皆借為韋◎

達　通達即借爲通◎

迵　洞達本作迵◎

迭　替代本作造◎

連　連合借爲聯◎

逑　祈求本作逑◎

退　與「敗」同字。

遺　訓贈者借爲饋◎

遂　從志諸訓皆借爲家◎

追　詩之追琢借爲琱◎

詩け

逌　書之「逌人」借為輶。

[illegible]　與「辛」「愆」同字。

迦　今之「卡」字，其語根實自「迦」来。

逴　寫遠本作逴。

遽　莊子之「蘧廬」本作遽。

迊　帀訓至者本作迊。

彳部

德　道德借為悳。

循　撫循借為揗。

⿰彳冓　今作「伻」

徬　依傍夲作徬◎

徯　今音奚字奚作「捱」。

徇　今作「徇」「殉」。

廴部

廴　與「引」同字。

廷　庭院夲作廷◎

齒部

⿸厂齒　切磋夲作⿸厂齒◎

齭 痛楚本作齭◎

牙部

牙 交互本作牙◎

足部

踝 今語称人足左右骨曰「孤拐」、拐本作踝◎

踦 奇偶本作踦◎

跾 倏忽本作跾◎

踄 與「步」同字。

踶 今作「踢」。

⿰⻊貝　與「跋」同字。詩之「狼跋」，李密陳情表作「狼⿰⻊貝」、形異字同。俗誤作「狼狽」，因有狼狽二獸之說、又有狼狽為奸之語、於字義不合不可用也。

蹎跋　顛沛本作蹎跋。

距　距離借為歫。

躧　今作「屣」。

疋　疋　詩「大疋」借為夏。胥史借為諝。

冊部

言四　　　四　　　十大

扁　　圓扁借為﨓㉂

（四完）

說文段注小箋五（三篇上）

錢玄同

㗊部

㗊　「讀若戢」、為「咠」之古字。一曰「呶」、即「呶」之古字。

囂　與「歊」同字。

嘂　與「叫」同字。

干部

干　干求借為迁◎　干戈借為戰◎

𢆉　史記荊軻傳「右手揕其胸」、揕即𢆉字◎、今又作

「砍」。

只

只部

按章太炎曰今人言「底」言「的」、凡有三義。……若為詞之必然、如云「我一定要去的」、的即只◎字。作「底」者、亦與只近。

㕯

㕯部

與「訥」同字。

商

商賣借為賣◎

丩部

古部

嘏　字亦作「遐」。

十部

博　博弈借爲簙◎

卅　今説文無此字。廣韻入聲二十六緝曰「卅，説文云：數名。」耒部「𦓝」下、林部「𣡕」下説解皆有「卅」字，是説文本有此字，而今本脱漏也。廣韻音先立切

言部

謂 謂訓勤者借為勸◎

許 何許借為处◎今江南人称地方曰「場貨」、貨即許之音変。許國借為鄦◎

諸 聲類「諸詞之總也」。漢官有「都尉」、「都司空」、明有「都察院」、都義為總，本作諸◎

訓 史記「言不雅馴」、本作訓◎

譔 論語「異乎三子者之譔」、借為巽◎及僎◎

諄 訓臯、及訓相惡之諄、皆借為憝◎

謨 與「謀」轉注。

詳　詳狂借為昜今作「佯」

識　說文無「志」字。即識之異體。字又作「誌」。

詧　與「察」同字。

諶　與「訦」「忱」皆同字。

諝　清楚本作諝◎

試　訓用之「式」本作「試」◎

訢　與「欣」同字。

諧　與「龤」同字。

調　調笑借為啁◎

誐五

謐　祕密本作謐◎莊子齊物論、其厭也、如緘、以言其「老洫也」、洫本作謐◎

詷　「讖也」當為本訓。顧命之「詷」借為僮◎當以僞孔之訓為正、

譞　與「儇」同字。

諰　字亦作「葸」。

託　與「侂」同字、

譒　布告宣布本作譒◎

評　與「謼」、「呼」、「嘑」皆同字。

訖　字亦作「迄」。

訝　驚訝借為「迓」◎

⿱伿言　與「徯」同字。

譥　與「叫」「嘂」「噭」皆同字。

譊　今語謂求恕曰「討饒」、饒本作譊◎

諎　假借之借、說文作耤◎作「唶」者、乃同音通用。「借」則後起之字也。

謾　欺瞞本作謾◎

詐　與「怍」同字。

詒

一曰之訓借為貸。今作「貽」。

譏

「闗市譏而不征」之譏、義為稽察、借為吅。

誃

離别本作誃。

䜌

與「𢿱」同字。

詯

今俗有「打詯」之語，詯曉聲轉入羣聲。元曲之「咱」、即「喒」「偺」、其古字作替。與「詯」無涉。段說非。

詍

與「呭」同字。

訲

今作「喃」。

誻

與「沓」同字。

訇　今作「哼」。訓大聲者借為轟◎

諞　今作騙◎

訆　與「叫」「嘂」同字。

諕　與「号」「號」同字。

謣　或體作「誇」。與「譁」同字。

詤　字亦作「謊」。欺謊借為誑◎

訬　今作「吵」。

諆　與「欺」同字。

䛩　今作「嗟」。

讋　與「慴」同字。詩「莫不震疊」、疊本作讋◎

訟　「一曰歌訟」、借為頌◎

⿰言望　責望怨望本皆作⿰言望◎

詭　詭詐借為恑◎

證　證據證驗皆借為徵◎

詘　屈曲本作詘◎

誰　誰何借為誰訶◎

訧　「郵」「尤」二字訓過失者、本皆作訧◎

誅　伏誅借為殊◎

討　訓雜音借為飷◎粈◎

該　該備借為晐◎

詰　詰部　與「競」同字。

竟　音部　竟界借為疆◎今作「境」。

辛　辛部　與「愆」同字。

丵部

丵　宗族夲作丵◎

業　事業、功業、基業皆借為书◎

菐部

㒒　頒賦頒布夲皆作㒒◎

収部

収　與「拱」同字。

奉　今亦作「捧」。

奐　此即「換」之古字。

龔　與「恭」同字。

共部

共 與「扛」同字。 訓具者、借爲龔◎供」◎

龔 與「供」同字。

異部

戴 戴國、戴氏借爲截◎ 戴于首之戴、借爲載◎

舁部

舁 漢書嚴助傳「輿轎而隃領」輿本作舁◎ 輿人、輿論本亦作舁◎

興 興「遷」同字。

與 賜與借為予◎与◎

興 高興興會借為嬹

臼部

要 要約借為約◎ 今語謂欲曰「要」、即借為欲◎

䢅部

䢅 今借用「晨」。

農 訓厚者借醲◎

爨部

爨 與「炊」轉注。

釁

「亹」即釁之誤體。誤「酉」為「且」而省其下之「分」。上加「一」者猶「釁」作「釁」也。詩「亹亹文王」借為勉勉。

五完

說文段注小箋六（三篇下）

錢玄同

革部

革　本義當為皮革。改革即借為改◎　病革即借為亟◎

䩸　古無絨字正作䩸◎

鬲部

融　融化、融和皆借為鎔◎　融訓長借為羕◎　「明而未融」借為[illegible]◎

鬲部

𩱖　今作「糊」。

𩱷　與「𩱨」同字。

𩱨　蓬々勃々之勃、本作𩱨◎

爪部

爪　今或作「抓」。

孚　訓信者借為保◎

為　作為借為偽◎

丮部

丮 戟手本作丮◎

埶 技蓺、形勢皆借為臬◎

孰 訓誰者借為𣪘◎

又部

又 又訓再者借為右◎

叜 或骵之「傻」為老叟之本字、从人叜聲。叜、當為搜求之古字、从又持火在宀下。

夬 分決、決斷本作夬◎ 今称箸曰「筷子」、古無「筷」字正作夬◎

𠬝　服從本作𠬝◎

叔　收拾之收本作叔◎伯叔借為少◎

叚　譚長說作「叚」。（莊子有「帚」字、即「叚」之形誤。）

支部

鼓　鼓斜借為鼔◎

聿部

聿　事業基業本皆作聿◎

肅　今音叜字叜作「抖」。

隶部

隶　與「逮」同字。

殳部

㱿　一曰之訓借為肯◎

殽　今作「淆」。

寸部

尃　經傳本作專◎

攴部

啓　開啓借為启◎

徹　訓毀者今作「撤」。古無「轍」字正作徹◎

先丶　三　三八

故　雇工本作故　故舊故訓皆借為古◎

𢻱　今之「攤」字、即「𢻱」之音變。

敷　今借「鋪」字為之。

⿰歷攴　莊子「歷物之意」、歷本作⿰歷攴

敳　古無「墾」字、墾田正作敳◎

敞　今之「廠」字、古亾作敞◎

⿰亻敞　尔疋神訓治本作⿰亻敞◎

更　更卒借為庚◎

敕　申飭本作敕◎

敹　料理本作敹◎

敡　慢易、簡易本作敭◎

敗　陳司敗之敗當作「寇」字形之誤（敗、篆作敗。寇、篆作𡨥字。形相近）。

敳　今作「傳」「剸」。

收　收拾借為叔◎

攷　其本義今作「拷」。

畋　佃戶本作畋◎

卜部

訓二

卦　今云「起課」、課即卦字之音轉。

貞　貞固、貞節皆借為楨◎

占　古無「佔」字、正作占◎

爻部

爻　古無「籬」字、正作爻◎　離卦本作爻◎

六完

說文段注小箋七（四篇上）

錢玄同

目部

眊　蔑目本作眊◎

⿱𢼄目　啓視本作⿱𢼄目◎

瞋　今作「睜」。

眷　眷屬借為𠨍◎

督　督脈、督縫、及督亢皆借為裻◎

眇　精眇借為⿱⿰豸頁心◎

䀠部

⿸厂䀠　眼圈本作⿸厂䀠◎

白部

百　字當作从一、白聲

羽部

翰　訓高者借為岸◎　翰林借為⿰倝毛◎

翡　古無「緋」字、正作翡◎

翕　訓合者即借為合◎

翔　翔實借為詳◎

𦏺　鳳皇本作𦏺◎

隹部

雅　今作「鴉」。風雅雅俗皆借為夏◎

雞　田雞借為鼃◎

雛　鄒之訓小者、及鯫生之鯫、本皆作雛◎

離　離別借為誃◎　離卦借為焱◎

⿰黎隹　與「離」同字。

雇　雇工借為故◎　扈訓止者借為户◎　扈蹕借為護◎

說

魋　當从鬼隹聲鬼爲異獸之称

隹部

舊　親新舊借爲久◎

竹部

竹　扬角古作竹◎　扬杖亦作竹◎　扬論當作註◎

筫　「蔑」之古字作篾◎

篾　訓無者即借爲無◎　輕蔑借爲懱◎　訓細小者借爲纖◎

羊部

羊部

美　貌之美惡借為媄◎

雔部

雔　儔類本作雔◎

雥部

雥　與「集」「仝」同字。

鳥部

鳳　朋友借為倗◎

鷬　難易借為艱◎

鵠　與「鶴」同字。

鸞　黃鸞借為鸎。古無「鸎」字，亡作嚶。

鳥部

舄　履舄借為藉。古亦稱「不借」。舄篆文作「䧿」、䧿、藉、借三字皆从「昔」聲，故得通借。「不借」之「不」，茇語詞，無義。

七完

說文段注小箋八（四篇下）

錢玄同

華部

華　畚箕之畚本作華。

幺部

幺　與「幼」同字。

𢆶部

𢆶　與「幽」同字。

玄部

言丿

玄　當以「黑而有赤色」為本義。以古文𢆯為本形。从古文糸中二注象染黑、𢆯省作𢆯、又誤為玄。幽遠為引申義。

兹　與「玄」同字。

𠬪部

𠬪　今作「抛」。

爰　與「援」同字。爰田、爰書借為趄。

𤔔　與「𢿢」同字。

𤔌　孟子「隱几而臥」、隱本作𤔌。

奴部

奴 與「殘」同字。

歺部

殙 昏迷、昏瞀、昏昧夲皆作殙◎

歾 死曰「没」、曰「物」故「没、物」夲皆作歾◎

𣨛 由死義引申為終了故訓終了之卒夲亦作𣨛◎

殊 伏誅夲作殊◎

殟 今語頭暈暈倒之暈、夲皆作殟◎

言，

夢　與「夢」同字。

殖　生殖借為蒔◎

死部

薧　訓乾者借為槀◎

冎部

別⿰冎卑　與「八」皆同字。

骨部

髆　今語称臂或曰「臂髆」。

䯢　「麻木不仁」本作䯢◎　么麿本作麼◎說文未收

此字

骫　委曲本作骫◎

肉部

肧　今作「胚」。

肺　詩「其葉肺〻」借為米◎

背　違背借為北◎負荷本作背◎

胳　今語稱臂或曰「胳膊」。

膻　與「但」同字。

腆　小腆借為𢿟◎

胡　古無「鬍」字，正作胡◎　訓遐者借為嘏◎遐、即「嘏」之後起字。

膞　與「脯」同字。

胥　訓相者即借為相◎　胥徒借為諝◎

膬　與「脃」同字。

散　此「閒散」之本字。　分散借為㪔。

肯　訓可者即借為可◎

刀部

剬　今音变，字变作「剝」。

副　伏臘本作副◎

刊　刊刻借為棃◎

剽　本剽借為標　剽劫借為勡◎

劋　字亦作「剿」。今尚有「剿撫」之語。剿說借為鈔◎

剎　今誤作「刹」。

釗　訓勉者借為劭◎

刃部

刅　創始借為刱◎

說八

耒部

耤　古無「借」字正作耤◎

角部

觭　奇偶本作觭◎

觜　古無「嘴」字正作觜◎

觚　觚棱借為柧◎

八完

說文段注小篆九（五篇上）

錢玄同

竹部

節　節省節制皆借為即◎

笢　今音蔑字蔑作「篾」

笨　笨伯借為体◎（但說文無体字）。

篸　與槮同字。　篸差夲作篸◎

簡　簡擇借為柬◎　繁簡亦借為柬◎

簟　「竹席也」引申之，則皮者布者亦曰簟。今曰「簟

訓ナ 于、借「埶」為之。

一

三三

箸 箸明借為睹◎ 附箸借為署◎ 箸述亦借為署◎

籯 贏糧夲作籯◎

笔 乇積夲作笔

筩 竹筒夲作筩◎

箇 段補或体「个」字、非也。经典之「个」、皆「介」之形誤。

⿱竹襄 箱籠夲作⿱竹襄◎

⿱竹互 交互借為牙◎

籋　漢書郊祀志「籋漢雲」籋借為躡。

策　方策借為册。

築　與「筆」同字。

笘　碑帖本作笘。

箟　鑰匙本作箟。

筒　洞簫本作筒。

笑　此字不當增。本字作「媄」同音假借作「芙」。芙隸省作「美」。又变作「咲」。（从口芙聲）。芙又誤作「笑」（笑）復誤作「笑」。

說文

第 此字亦不當增、古只作「弟」。弟形誤作「苐」。苐又誤作「第」。第復誤作「第」。

丌部

丌 基址本作丌◎

典 典守借為敟◎

工部

式 訓用者借為侙◎

巨 巨大借為鉅◎

曰部

曹　冊封本作曹◎

朁　今之「僭、噆」字已作朁◎

沓　重沓借為疊◎

曹　引申之兩曹所說之話亦曰曹。今用「招」字為之曰「招供」。

丂部

丂　今北語之「可是」、蘇語之「阿是」、可、阿、本皆作丂◎

可部

哿　與「可」同字。

兑乙

哥　稱兄曰哥借為罤◎

壴部

尌　與「侸」同字。

豈部

豈　「還師振旅樂也」之訓今作「凱」。「欲也」之訓借為覬◎「登也」之訓借為隑◎（隑見方言說文無）段改為「欲登也」非。

豊部

豒　秩序本作豒◎

虍部

虔　訓固者借為臤◎　矜莊之矜本作虔◎

虎部

虢　今之「嚇」字古作虢◎

皿部

盧　訓黑者借為黸◎

盅　沖淡本作盅◎

血部

粤　說文無「停」字，停止古作粤◎

丶部

主　本主借為宔◎

音　唐韵天口均、今作「⿰口走」。字从否聲故又変為「呸」。

九完

說文段注小箋十（五篇下）

錢玄同

丹部

彤　「彫蟲小技」之蟲本作彤◎

皀部

皀　與「香」同字。

即　節制本作即◎

既　此為「喫」之古字。　訓盡者借為訖◎

鬯部

言一　一　三十

鬯　條暘（今多作暢）夲作鬯。

鬱　鬱金鬱林夲皆作鬱。

⿰鬯吏　今作「駛」。「駕駛」蓋「駕使」之誤。

食部

餳　今作「糖」。

籑　撰箸之「撰」、古無其字、以作籑。

⿰食丑　與「粈」同字。今作「糅」。

饟　與「餉」轉注。

餬　訓饘者借為鬻。

饑　饑餓借為飢◎

餒　「魚」敗曰「餒」借為矮◎

亼　亼部

與「雥」「雧」（亦作「集」）同字。

舍　取舍借為捨◎

倉部

倉　今語称強奪曰「搶」古已作倉◎即蒼黃取之義也。

缶部

先卜　二　ヨ十

匋　與「缶」「窯」皆同字。今又作「窰」。

罊　與「窒」同字。

矢部

矢　訓陳者借為𢼊◎　訓糞者借為𦳊◎

矯　矯詔借為趫◎

高部

亭　段說非也。今之「廳」字古以作「聽」。本曰「聽事」、簡称曰「聽」、因変其字作「廳」耳。

亳　「京兆杜陵亭也」、杜陵之杜、本作亳◎

冂部

冘 猶豫本作冘◎豫。

亯部

𩫖 今之「燉」字、古作𩫖◎

䈞 與「竺」同字。

㫗部

㫗 與「厚」同字。

畗部

良 婦稱夫曰良、後借用「郎」。夫稱婦亦曰良、後妥

兌十 三 四一

作「娘」。

夊部

夊　今語稱脛股皆曰「腿」、(亦作骽)古亦作夊◎

夏　夏屋借為西◎

畟　古無「謖」字、亦作畟◎

韋部

韜　今作「套」。

夂部

夂　與「致」同字。

桀部

磔　柘地、斥地本皆作磔◎

十完

說文段注小箋十一（六篇上）

錢玄同

木部

櫨 山查本作櫨◎今借「柤」字為之、叚作「查」、因誤為「查」。

柟 今作「楠」。

李 行李借為使◎ 李耳借為史◎ 大李借為理◎

楷 訓法者借為戛◎

杜 杜塞借為𢿌◎

見十一

一

四三

杶 今作「椿」。

柞 伐木曰柞借為斫◎

樸 今称「白樸棗」、樸音蒲。

梢 尾梢借為杪◎

權 權衡、權力皆借為捲◎

梧 魁梧借為吳◎

榮 榮華借為蘳◎

桐 法言「桐子之命」、桐借為僮◎

果 果敢即借為敢◎

標　標榜標目皆爲幖◎

格　訓至者借爲假◎　扞格借爲格◎

榑　扶桑本作榑◎

檥　儀表本作檥◎

榰　支持之支本作榰◎

植　種植借爲蒔◎

柤　今誤作「查」。查察之查即察◎之誤。

桓　訓威者借爲狟◎　盤桓借爲亘◎

𣏟　其下當有古文作「𣏟」。

笨　今語「划船」之划、古作笨◎

枷　刑具之「枷」、古已作加◎

槃　盤桓借為般◎

㮝　漢人言「治具」、具本作㮝◎　今有「吃局」之語、局本亦作㮝◎

滕　戴勝本作滕◎

核　果實之核借為覈◎

槶　中幗之幗古作槶◎

臬　曲藝六藝形勢本皆作臬◎

椌　腔調古作椌◎

檢　書籤本作檢◎

柀　今作「筏」。

檛　「炙轂過」「髡過」本作檛◎

⿰木叟　今作「艘」。

校　比校借為斠◎　學校借為孝◎

樸　譙楼本作樸◎

采　訓事者即借為事◎

椓　椓黥借為斀◎

言：

𣝗　左傳之「夏肄」、肄本作𣝗◎　書稱殷之遺民曰「獻」、本亦作𣝗◎

梱　與「梡」轉注。渾成本作梱◎　今語「圂圇」即梱之切語。

休　訓美者借為好◎

楬　今云「揭帖」、揭本作楬◎

梟　梟雄借為驁◎　梟首借為県◎

林部

鬱　古無「樾」字、蓋已作鬱◎

楚　「衣裳楚楚」借為𪓌◎　酸楚借為齭◎

楙　與「茂」同字。

才部

才　才能借作材◎　哉載裁纔之訓始者、本皆作

才

十一完

說文段注小箋十二(六篇下)

錢玄同

叒部

叒　籒文之⿸叒口當作⿱艸右。从口叒聲。(叒篆亦當作⿱艸右)如也。

之部

之　訓此者借為者今作這◎

帀部

師　師弟借為達◎

說十二　一　四

出部

敖　今作「遨」。楚未成君曰「敖」、及官名之「莫敖」、皆借爲𠢕◎

朩部

朩　詩「其葉肺〻」、「孟子」「沛然下雨」本皆作朩◎

孛　「色孛如也」借爲艴◎

索　求索、索索、索盡皆借爲⿱宀索◎

𣎳　訓止之濟本作𣎳◎　濟渡本亦作𣎳◎

生部

生 生熟借為胜

丰 与「䒓」同字。

甤 与「蕤」同字。

𠌶部

𠌶 古在模韵、故从于聲、今音轉入麻韵、故變作「花」、从艸、化聲。

華部

華 禮記「為國君者華之」借為撝。

禾部

言二

禾　與「稽」同字。

稽　稽部

訓合訓同皆借為綮。引申為稽考。稽首借為䭫◎

束　束部

今作「揀」。

囗　囗部

範圍本作囗◎

團　團聚借為𠂤◎

圓　圓圜之圜本作圓◎

員　員部　幅員借為口◎

貝部

財　周禮注及「⿱雨鮮」下說解之財皆借為才◎

賸　與「貨」同字◎

貱　與人書曰「被」書，被本作貱◎

賴　抵賴借為讕◎

負　背負即借為背◎

賈 沽酒本作賈◎

貲 貲財借為資◎

邑部

𨙸 兩岐借為支◎今作「岐」

豳 即「邠」之或「豳」。

扈 與「鄠」同字。

鄭 鄭重借為奠◎

㕯 今省作「叩」。叩擊叩頭皆借為敂◎

部 部次借為午◎

那　訓安者借為儺◎　訓多者即借為多◎

邟　沛公本作邟

邪　字誤作「耶」稱父曰「耶」者乃外國語今作「爺」。

鄿　今作「譚」。　譚說借為談◎

𢧵　戴姓本作𢧵◎

邱　與丘陵之丘絕異滿清因諱孔丘名因將丘陵字及古今名「丘」姓「丘」者盡改作「邱」謬妄可笑。

𨛫　鄉𨛫借為攩◎

先十二

邨　鄉邨借為𠂤◉今作「村」。

𨟻　馮姓本作𨟻◉

𨛜　𨛜部

與「巷」同字。

𨞰　北京稱巷曰「胡同」、即巷字古音之切語也

十二完

說文段注小篆十三（七篇上）

錢玄同

日部

㫚　與「昧」同字。

昕　許云讀若希、詩齊風「東方未晞」、晞本作昕◎

昭　與「照」同字。　昭穆借為佋（段于人部删佋非）

說文無「詔」字、蓋古亡作「昭」、「昭告」与「詔誥」義同。

晤　訓遇者借為遻◎

晃　與「曠」同字。

晃十三

一

五一

曠　訓空者借為壙◎

昫　與「煦」同字。

晏　訓安者借為晏◎　訓晚者借為旰◎

曣　與「晏」同字。

暤　與「皓」同字。

昬　錢大昕謂篆當作「昏」，从日民聲。作「昬」者，唐人避太宗諱而改，其說是也

晻　與「暗」同字。

曏　相承皆借「鄉」「向」「嚮」諸字為之。　今作「晌」。

昪　盤樂盤遊之盤本作昪◎

昌　昌言、今轉為「讜言」◎

暀　今作「旺」◎

㬉　安㬉、今音轉為「溫吞」◎

㬎　顯明本作㬎◎

暴　暴虐借為暴◎　暴虎借為搏◎　今作「曝」◎

暱　書高宗肜曰「典祀無豐于昵」、借為禰◎說文無「禰」字、蓋古以作邇◎（堯典「格于藝祖」、藝亦借為禰邇）

暬　褻侮本作暬◎

昆　昆弟借為罤◎　昆蟲借為蚰◎　後昆之昆、其本字未詳。

旦部

暨　訓及者借為臮◎

倝部

倝　晧旰者、潔白光明之貌、本作晧倝◎

㫃部

旝　一曰之訓借為厥◎

旃　旃裘借為氈◎

旇　披靡本作旇◎

旅　羈旅借為廬◎（羈旅之本字當作寄◎廬◎）左傳之「玈弓」、亦作「旅弓」、旅借為臚◎（玈蓋臚之後起字从玄旅省聲）

族　族類借為萃◎

晶部

晶　此星之古字。曐下「一曰……故與日同」數語、當在晶下。

曑 曾參借為驂名，「驂字子輿」，名字相應。

晨 引申為凡星之稱，相承借「辰」字為之。

疊 許引楊雄說頗迂曲。金文有「曐」字，右从「晶」。孫詒讓云：竊疑疊正字當作「曡」，乃从且、从曑省，葢取曑重疊組會意。說文多部云「重多為多，重日為疊」，是其義也。子雲似已不識此字，故誤以為从宜，决罪三日得宜之說亦絕無理據，恐未必確也。

月部

朔　訓復生之蘇夲作朔◎

有部

戫　論語之「郁郁」及荀彧之彧夲皆作戫◎

龓　籠統夲作龓◎　今作「攏」。

夕部

夗　今作「彎」。

⿱莫夕　今作「寞」。

毌部

毌　與「貫」同字、毌中之「工」、即「貝」字也串、弗、皆毌之叜体。

丂部

函 函人借為含。

甹 其下當有古文作「由」、今本脫去。段氏以「由」字為「糸部」「繇」之或體、非也。由訓從訓自者借為繇。

𠧪部

𠧪 或謂「卣」即此字、非也。卣當為「酉」之異體。

栗 禮記聘義「縝密以栗」、借為瑮。戰栗借為慄。

「慄」。

齊

齊部

詩「有齊季女」借為齋◎　禮記深衣「下齊如權衡」、及齊衰之齊借為齋◎　孟子「以借齊盛」借為齋◎　史記五帝本紀「幼而徇齊」借為齋◎

齋

與「齊」同字。

爿

片部

段補此字入片部、非也。从爿之字、篆皆作爿、無作片音、知必非從反片也。章太炎以爿為

先　上三

五

五五

言 「牀」之古字、象形。其說甚諦。

鼎 「漢書匡衡傳」「鼎來」借為當。

鼏 鼏、鼎覆、列言。冖一一切之覆、通言。

彔部

彔 記錄本作彔◎

禾部

穋 訓敬者借為睦◎

稷 訓疾者借為畟◎

稬 「穀梁傳」「吳謂稻、緩」、緩本作稬◎ 今称稻之黏

秏

字从毛聲古音同「毛」、漢書高惠高后文功臣表「靡有孑遺秏矣」此秏字以準聲借為無（古音「無」在明聲）。凡訓消訓空之秏、皆無之借。今人以秏為「信問音秏」之義者由消義轉為消息也。　字亦作「耗」。

移

倚移、今轉為「婀娜」。

䅘

與「來」同字。

⿰禾耑

與「⿱乃禾」轉注。

穅

康寧、康樂借為「㝩」。

秩　秩序借為豑◎

稛　今作「綑」◎

稈　今作「桿」◎

穰　詩「降福穰穰」借為[月襄]◎

稅　稅駕者解駕也借為挩◎

程　張蒼定章程、章謂九章算術、程謂度量衡也◎

今人称規則曰「章程」、其引申之義◎

黍部

黎　黎民借為齊◎　黎老借為耆◎　黎明借為邌◎

訓黑者借為驪◎今作「黨」。

精　粗　糪　䊵　糧　氣

米部

「撥雲霧而見青天」曰「精」者借為夝◎（今作「晴」）。

此精粗之粗。粗鹵借為麤◎

今称鍋底焦飯曰「鍋巴」、巴夲作糪◎

今作「麴」。

字亦作「粮」。

雲氣借為气◎

毇部

先 上三 二 、 三七

言

繫　精鑿本作繫

十三完

說文段注小箋十四（七篇下）

錢玄同

瓠部

瓢　與匏同字。

宀部

宀　緜密本作宀◎

宣　訓明者借爲烜◎訓徧者借爲旬◎訓布散者由徧義引申。

向　向皆借爲鄉◎

宸　指一切之屋宇、非專言帝王所居。

宖　與「宏」同字。

宗　與「⿰口叔」同字。

容　動容、從容皆借為搈。

宭　人羣本作宭。

宵　宵人借為小。

宿　宿儒、宿學、宿將皆借為夙。

寑　寢寐、寢室、本皆作寑。

⿱宀吾　與「寤」同字。

窕　窕曲、窕轉皆借爲夗◎今作「窩」。

寓　「木禺龍」借爲偶◎非借爲「寓」。

究　今作「疚」。

索　由搜索之義引申訓盡。

宔　木主本作宔室◎

穴部

窨　詩「納于凌陰」、陰本作窨◎

窯　與「匋」同字。

突　趙宧光謂「竈突」當作「竈突」其說是也。

先卜口

二

五乙

寮　「同官為寮」借為僚◎

竇　今稱穴曰洞、本作竇◎

空　司空借為工◎

穵　今作「挖」。

窬　穿窬借為竇◎

窵　窵遠借為逴◎

窋　今語稱隱匿曰「躱」、古作窋◎

突　突出借為胅◎今作「凸」。

竄　點竄亦借為粲◎

窕　寬綽之綽本作窕◎

竁　今作「⿰扌毳」。

㝱部

寑　今省作「寢」。此為貌寢、寑疾之正字。

疒部

疒　疾病之疾本作疒◎

疾　此為疾速之正字。

瘽　今所云「廑念」、本作瘽◎

瘨　今作「癲」。

言

痒　與「瘍」同字。

⿸疒馬　廣東有「痳瘋」之病、痳本作⿸疒馬◎

瘻　今作「癧」。

癘　豫讓漆身為厲、厲本作癘◎

瘃　今尚有「凍瘃」之語。

⿸疒扁　今借「偏」字為之。

瘌　古無「辣」字、止作瘌◎

癆　今語所云「癆病」、借為勞◎

冃部

冎 甲殼本作冎◎ 腔套之「腔」、說文所無、古亦作冎◎ 腔調借為椌◎

冃部

冃 年追本作冃◎

冒 侵年本作冒◎

㒳部

㒼 今語謂無孔曰「㒼」。

网部

网 罔訓無者即借為無◎

罪　小疋大疋之「罪罟」為本字，不當作「辠」，段説非。

罛　與「罟」同字。

羈　羈旅借為寄◎

襾部

襾　夏屋本作襾◎

覈　果實之核作「覈」，作「核」皆借字，本作荄◎

巾部

常　恒常、綱常、經常、皆借為長◎

帖　妥帖借為聑◎

帖服借為帽◎

黏帖即借為

黏◎

碑帖借爲笘◎

徽 後世之徽號本作徽◎

幖 標榜標題表識本皆作幖◎

幐 今作「袋」◎

白部

皢 與「曉」同字

㡀部

㡀 破敝利弊本皆作㡀◎

十四完

說文段注小篆十五（八篇上）

錢玄同

人部

保　保甲借為孚◎

仞　古無「認」字，只作仞◎

佼　交接、交遊本皆作佼◎

倩　今稱託人代作曰倩、借為請◎　壻謂之倩、借為蜴◎

倓　恬淡本作倓◎

侁

儦　今音變字變作「跑」。

儺　「鄉人儺」借為⿰鬼𦰩◎

侗　論語「侗而不愿」借為僮◎

倞　隸變作「亮」。與「⿳一自介」同字。

儌

俚　俚俗借為里◎

伴　伴侶借為㚘◎

倗　朋友借為倗◎

僟　「數將僟終」借為⿰豈幾◎

何　誰何借為訶◎

儐　儐棄借為姘◎

傆　鄉愿本作傆◎

假　假借借為叚◎

借　古亦作耤◎

任　儋任借為壬◎

僖　與「嫛」同字。

俾　今稱使人作事曰「派」本作俾◎

儷　伉儷借為麗◎

言

傳 經傳借為專◎今云「驛站」「客棧」站棧皆即傳◎字。

倍 加倍借為培◎

倀 古無「猖」字猖狂本作倀◎狂。

儔 儔侶借為儔◎

侈 奢侈借為袳◎

佁 癡騃之騃本作佁◎今作「呆」。

僞 作為本作僞◎詐僞借為譌◎

倡 倡和借為唱◎倡為歌倡之正字、本兼男女

傞　言今專以名女、字亦作「媘」。今語稱騃不曉事之人曰「傻子」、傻即傞字之音変。

傷　當以「交傷」為本訓。「輕」也之義借為敬◎今借「易」字為之。

伏　伏臘借為[illegible]◎

伐　伐閱借為「閥」。

倃　與「咎」同字。

值　訓當者借為直◎價值亦借為直◎

偶　偶然借為寓◎

弔　訓至者借為𨑩◎訓善者借為俶◎

佋　昭穆本作佋◎段說非。

仚　與「僊」同字。今作「仙」。

俇　今語稱遊行曰「俇」，字亦作「逛」。

𠤎部

𠤕　疑惑本作𠤕◎

匕部

匕　排比、比例、比較本皆作匕◎「一名柶」者、別是

乍

一字、其篆當作「乚」、與「亻」不同。部居、保甲之部、保、本皆作乍◎

从

从部

與「從」同字。

比

比部

本義為朋比。

北

北部

違背借為北◎

冀

訓望訓幸者借為期◎

丘部

屔　泥土本作屔◎

壬部

徵　證據本作徵◎

㸒　貪淫本作㸒◎

衣部

裁　訓始者借為才◎

表　表旗、表識、表章皆借為幖◎

䘵　督脈本作䘵◎

褍　端衣本作褍◎

裻　一曰之訓借為䙱◎

裴　裴姓借為𨛬◎

袷禪　今云「夾衣」、「單衣」、本作袷◎禪◎

襄　贊襄借為相◎

裂　餘烈本作裂◎　分裂借為列◎

衺　邪正、橫斜本皆作衺◎

衰　盛衰、等衰皆借為𤺥◎

裘部

裘　祈求借為逑◎

毛部

⿰𠦝毛　翰林本作⿰𠦝⿱人毛◎　今語稱人身之毛曰「⿰𠦝毛」、音韓。

尸部

展　展布四體纖毫無隱故引申訓誠訓信。　展衣借為⿳亠㠭𧘇◎　展視借為㠭◎

尼　仲尼借為屔◎

屍　當為「尸」之後起字。

屏

屏弁借為姘◎

十五完

說文段注小箋十六（八篇下）

錢玄同

尺部

尺

指斥夲作尺，段說非。

尾部

尾

尾所从之「尸」、只作「體」字解。許氏以尸从横人，遂坿會以「飾系尾」之說，穿鑿不足信。尾之本義自當謂禽獸之尾，至段氏「嚴人物之辨」之說、益迂曲矣。

訓一云　　六　　六九

尾 此字所从之「尾」只作「下體」解、又與禽獸之尾無涉。

履部

履 訓祿者借爲禮◎

舟部

舫 當从二徐本作「船師也」、段改非。尔疋訓舟、訓泭之舫、皆借爲方◎

般 所从之「殳」、即今之「篙子」。盤旋本作般◎ 引申有遷移之義、今作「搬」。

服 訓用、訓習、訓從、訓行之服、皆借為𠬝◎

方部

方 比方為其引申義。方圓借為匚◎ 方閒(即博閒)、借為旁◎ 四方借為傍◎ 方法借為法◎

儿部

儿 字象股腳詰詘、故从儿之字多以儿為足。

兌 此即「隧」之古字(說文無隧)、从儿、从㕣、會意。㕣山間陷泥地也。章太炎說詳小學答問。

亮 段補此字、非也。錢大昕以為亮本當作「亮」、即

乞、了 二 七十

人部之「倞」字、是也。亮訓明借為景◎　訓信者借為諒◎　訓導訓佐者、不知何字之借。

兄部

兄

說文無「貺」字、古已作「兄」、以物益人也。

皃部

覍

弁訓大借為伴◎　訓樂借為昪◎　訓急借為⿱辡心◎　訓法者為引申義猶冠之从寸也。古者衣冠皆有定制、故弁引申訓法。

禿部

秃　許書兩說字形疑皆未諦。章太炎引周禮秋官「髟者使守積」以說从禾从儿之義、較許說為長。

見部

覞　與「睨」同字。

覵　「覵縷」雙聲連語、無本字。

觀　訓多者借為吅◎

覭　與「瞟」同字。

覢　與「睒」同字。今云閃電、閃本作覢◎

先

三

く一

覓　今小兒「模盲」相遇曰「覓」！實覓之本義。

靚　靚妝借為彰◎

覞　戚施本作鼀◎鼀◎規覞者後起字。

欠部

欠　今云「虧欠」借為歉◎

欽　訓敬之欽借為顉◎

弞　當从二絲作「弞」、从引省聲、式忍切。段改非、此為「哂」之古字、非「咍」之古字也。

𣢟　與「覬」同字。希冀、求乞、本皆作𣢟◎

欽　今称飲酒曰「喝酒」夲作欽⊙

㱃部

㱃　漢書朱家傳「飲其德」之飲、借為奄⊙

十六完

說文段注小箋十七（九篇上）

錢玄同

頁部

頁 此古文䭫首之首字非「䭫」字也。段注非。「首」「百」「頁」三字同。篇頁本作葉◎

顛 顛沛顛仆皆借為蹎◎

頂 與「顛」轉注。

頭 與「頜」轉注。

顏 引申為面之称。古亦以「顩」為之今作「臉」。

顝　魁、渠魁本皆作顝◎由大頭義引申為首領。

顆　蓬顆之顆，段氏謂借為「堁」◎堁固是。但說文無「堁」字，疑古只作「塊」◎堁塊之變聲。

頷　訓頤者借為顄◎

顧　傭僱之僱、古借「雇」及「顧」字為之、其本字作故◎「僱」者、「故」之後起字也。

顥　皓首本作顥◎

領　與「顅」轉注。

[illegible]　贅疣借為瘤◎

顫　戰〻兢〻本作顫◎

面部

酺　今語稱頰曰「嘴巴」、巴即酺之音轉。

醮　今作「顦」◎

首部

𩠐　稽首本作𩠐◎

須部

須　訓待者借為䇓◎

彡部

修　訓長者借為攸◎

彫　與「琱」同字。　彫敝借為凋◎

彣部

彣　文采及論語「郁郁乎文哉」之文本皆作彣◎文章之文為本字。或謂當作「彣」、非也。

文部

文　文理今亦作「紋」。

髟部

鬗　郊祀歌之㒼借為曼◎

髲　今語稱假髮曰「髲子」。

髴　與「佛」同字。

鬄　與「鬀」「鬄」皆同字。　鬄訓髲者當爲引申義。本是鬀髮引申之則以鬀下之髮爲他人之假髮亦曰「鬄」矣。鬄今省作「剔」。「鬀」今変作「剃」。

⿱髟並　今作「碰」。

卩部

卩　符節本作卩◎

令　訓善者以雙聲借爲良◎

九　二二

三

七五

訃十五

卷　今或以「捲」字為之。

卩　節奏節族本作卪◎卩◎

三

印部

𢑏　訓美者借為懿◎

夘部

夘　印章本作夘◎

辟部

辟　辟雍借為璧◎ 邪辟借為僻◎

辟除借為避◎ 便辟借為嬖◎

十五

辟諭借為譬◎ 開辟借為闢◎

𨐨

孟子「妻辟纑」借為朩。左傳「闢西辟」借為壁。與「辟」同字。

勹部

匍 今語変入麻韻字作「爬」。

匐 俯伏本作匐。

匊 與「臼」同字。

勻 均勻即借為均。

勼 九合鳩集本皆作勼。

旬 「十日為旬」為本義，「徧也」為引申義。

匓　今作「够」。

茍部

茍　此字隸書與「苟」字形近，因誤為「苟」。儀禮聘禮記「賓為苟敬」及大學「苟日新」皆「茍」之誤字。

鬼部

䰐　論語鄉人「儺」本作「䰐」◎「那」只是「奈何」二字之合音，與䰐無涉。段說非。

醜　醜類、禮記「在醜夷不爭」、及孟子「地醜德齊」，皆借為儔◎禮記「鼈去醜」借為涿◎

厶部

𦍩　詩「吉士誘之」及論語「夫子循〻然善誘人」皆借為羊部之羑◎

十七完

說文段注小篆十八（九篇下）

錢玄同

山部

崵 首陽山夲作崵◎

密 祕密借為謐◎ 周密借為比◎

屵部

岸 魁梧借為◎岸梧岸雙聲。

嶏 與「圮」同字。

广部

广　今亦作「庵」。

廬　羈旅本作廬◎

庭　訓直者借為壬◎

廫　本在模韻、對轉入唐、字變為「廊」、說文無。

廣　堂皇本作廣◎

廉　廉察借為覝◎

⿸广秅　開拓本作⿸广秅◎

底　「一曰下也」借為氐◎

㡿　隸作「斥」。此即今之「拆」字也。

斥地借為⿸广秅◎

斥候借為度◎　指斥借為尺◎

厂部

厓　與「崖」同字。

厥　左傳「旝動而鼓」，旝本作厥◎

石部

砢　磊落當作砢◎　砢落砢雙聲。

冄部

冄　與「⿱須冄」同字。

而部

乞之　二　七九

耏　忍耐、能耐皆借為能◎

豕部

貇　今之「懇」「墾」二字古只作「貇」、懇切借為剴◎墾田借為敳◎皆痕、灰對轉。

㣇部

㣇　古文之𢑚、即殺之古文𢑚。㣇為好殺之獸、故引申訓殺、即為「殺」之古字。

𧰲　豪傑、酋豪皆借為𠢕◎（書之「西旅獻獒」及「楚之「莫敖」亦借為𠢕◎

彙　彙集借為[illegible]◎

彑部

㣇　與「豭」同字。

易部

易　易經借為傷◎　交易變易亦借為傷◎　輕易、

慢易借為敡◎

象部

豫　訓樂者借為悆◎　豫備借為敘◎今亦作「預」。

十八完

說文段注小箋十九（十篇上）

錢玄同

馬部

驪　引申為一切之黑。今作「黧」，亦借「黎」為之。

騃　癡騃借為佁◎

騫　騫裳借為攐◎

馴　史記言不雅馴借為訓◎

騷　離騷借為慅◎

駔　「一曰駔會也」今作「掌櫃」。

說文

鹿部

騰　超騰借為乘◎

麗　華麗借為效◎

麤部

麤　粗𠧪卒作麤◎

塵　陳舊借為塵◎

犬部

尨　尨雜借為牻◎

默　静默借為黑◎

猥 訓曲者借為隈◎ 訓鄙者由曲義引申。

戾 乖戾借為盭◎

獵 引申訓踰越、字亦作「躐」說文無。

臭 與「齅」同字今作「嗅」。引申訓气息臭腐借為殠◎

獘 利獘字誤作弊借為敝◎

獻 文獻借為彥◎

鼠部

鼠 「首鼠兩端」之首尾也。以鼠尾長故古人稱尾為鼠。

鼩　即今松鼠。段氏引郭璞說、「亦名鼨鼩」松鼠之松本作鼨◎

⿰胡鼠　今作「猢」◎

火部

⿰火尾　燬　與「火」同字、（三字古音同）。

然　然、叚借為嘫◎

烈　訓餘者借為裂◎

烝　訓衆、訓君者皆借為衆◎

煇　與「炊」「爨」皆轉注。

[illegible] 此即今之「焙」字。

尉 今作「熨」。

熜 與「燭」轉注。

炧 代謝本作炧◎

票 信券曰票借為符◎

照、 與「昭」同字。

燿 今作「曜」「耀」。

煇 今作「暉」「輝」。

煖 況袁切、今作「暄」。

訓十九

煖

煗 乃管切、今作暖◎

烕 當云从火戌聲。許以為會意字、非也。

熙 訓興者即借為興◎ 訓廣者借為配◎

炎部

燊 今作「燐」。

黑部

黶 訓閉藏者借為奄◎

黳 段引顏師古說「吳楚謂之誌」、此誌字念作「痣」。

黲

今云「慘綠色」「慘白色」本作「黲」◎與「黕」轉注。

黨

今稱不潔曰「黵」即說文之「黨」字。朋黨、鄉黨皆借為「攩」◎

黱

字亦作「黛」◎尒疋「在壬曰玄黓」黓亦黱之異體。漢書文帝紀贊「身衣弋綈」弋本作黱◎

十九完

説文段注小箋二十（十篇下）

錢玄同

囪部

悤　當云从心囪聲。

赤部

赨　左傳「明而未融」本作赨◎

大部

夷　訓平者借為徲◎

亢部

尢　禮記檀弓之童汪踦、汪夲作尢◎

㚔部

盩　此即今之「丢」字。

夲部

㚏　忽然夲作㚏◎

㚖　暴戾本作㚖◎

臯　臯門」「臯某復」皆借為丂◎　臯比者、虎皮也、借為虢◎鐘鼎有「虢」字、孫詒讓以為从糸省、按「幺」即糸之古文8、因下直與「夲」連、故似作8耳、从虎夲聲、當為「皋比」及禮記樂記「建櫜」之櫜之夲字、其說甚諦。

亣部

奚　奚奴借為㜎◎

耎　今作「輭」「軟」。

夫部

㚘　伴侶夲作㚘◎

立部

竫　與「靖」同字。

靖 訓謀者借為靜◎

竘 今語謂恰好亦曰「扣巧」、扣本作竘◎

並部

替 替代借為迭◎

囟部

毗 訓輔者借為比◎

心部

志 當列為「識」之古文。

𢡱 今作「妙」「玅」。藐訓美、穆訓美、眇訓美、本皆作𢡱◎

憲　訓法者借為契◎

憧憚　今云「穩重」說文作憚◎憧◎

愿　鄉愿借為傆◎

恢　恢復借為克◎

惐　戚心本作惐◎

孫　謙遜本作愻◎

意　憑翼本作意◎

愯　今作「悚」。

慰　當以「恚怒」為本義。　訓「安」本借為尉◎

光二十

三

一七

說文

忞慔　論語「文莫，吾猶人也」，文莫本作忞慔◎

憸　僉人本作憸◎

悆　悅豫本作悆◎

惷　今語謂愚曰「蠢」，本作惷◎

⿰忄象　放蕩本作⿰忄象◎

愓　與「⿰忄象」同字。

恑　詭詐本作恑◎

悸　詩衛風之「悸」，當為引申義。毛訓「垂其紳帶、悸悸然有節度」，蓋謂帶垂，則徐動也。

惏　與「婪」同字。

惛　昏瞶本作惛◎

惡　此過惡之惡。容貌醜惡借爲亞◎

悶　與「懣」同字。

憯　與「慘」同字。

愓　傷心本作愓◎

悠　與「悤」同字。「悠悠蒼天」借爲攸◎

恇　今作「慌」。

悼　今有「驚心吊膽」之語、吊本作悼◎

悑　今音轉入「禡」韵、借「怕」字為之。

⿱毄心　今語稱疲憊曰「吃力」、吃夲作⿱毄心。

⿰忄葡　今語稱疲憊又曰「乏」、乏夲作⿰忄葡。

⿰忄典　與「忝」同字。

⿱亟心　今亦作「⿰忄亟」。

惢部

繠　今作蕊

二十完

說文段注小箋二十一（十一篇上）

錢玄同

水部

河 江 「河」爲黄河之專名，「江」爲揚子江之專名，其他諸水，古祇曰「某水」，不曰「某河」「某江」也。

沱 由別流之義引申爲池沼。說文無「池」字，「池」即「沱」之轉變隸書，于从「它」與从「也」之字往往互譌。

湔 訓灊者借爲洒。（當依二徐作「手灊之」，段改非。）

溫　溫暖借爲尉◎　溫良借爲温◎

沮　渣滓之「渣」、說文所無、手部「揸」下云「取水沮也」、沮即今之渣字、知渣古作「沮」。然沮無渣滓之義不知爲何字之借。　訓止者借爲阻◎

涂　今作「途」「塗」。　道途借爲除◎　塗墍借爲澤◎即「潤澤」之義。

洮　今作「淘」。

涇　「直波曰涇」借爲巠◎

漢　古文作「𤁣」从水从大或會意「或」即「國」字。此恐漢人所造非古字也。

浪　波浪借為瀾◎

澇　旱澇借為潦◎

漆　漆木借為桼◎

澮　畎澮借為巜◎

蕩　浩蕩借為潒　放蕩借為愓◎　蕩滌借為盪◎

⿰氵買　與「汨」同字。

油　油膏即借為膏◎

潭　訓深者借為覃◎

溜　訓水急流者借為霤◎

淠　訓眾者借為米◎

過　今省作「渦」。水旋渦借為夗◎

泄　宣泄借為渫◎

淩　訓歷者借為夌◎

濮　百濮借為僰◎

濕　今作「漯」者蓋「濕」省作「漯」、因誤為「漯」耳、非从「累」聲也。

泗　涕泗借為洟◎

洋　訓大訓多者皆借爲潒◎

渚　小州曰渚借爲陼◎

濟　濟渡借爲中◎　訓止者借爲霽◎

沽　沽買借爲賈◎

沛　沛然借爲𣎵◎　沛邑借爲𨛫◎

泥　塗泥借爲屔◎　「致遠恐泥」借爲尼◎

洦　今作「泊」。由淺水義引申爲停泊。淡泊借爲怕◎　厚薄本借洦◎

漠　訓清者借爲募◎

說文 三 十一

洚　與洪轉注。

瀟　肅清本作瀟◎

渙　說文無煥字、古只作渙◎

汪　訓池者借為潢◎

漻　與瀏同字。

沖　沖人借為僮◎

淪　淪陷借為陯◎

濫　訓過者借為𡢃◎

洞　洞達借為迵◎　洞穴借為竇◎

淈　汩亂本作淈◎

漩　水旋渦本作漩◎

淵　引申訓深、

澹　澹泊借為憺◎　古無「贍」字、以「澹」為之

滑　古無「猾」字、「蠻夷猾夏」之猾、古亦作「滑」、「實借為淈◎

淫　淫亂借為婬◎　貪淫借為㸒◎

瀸　公羊傳之瀸借為殲◎

涅　說文無「捏」字、捏造之捏古亦作涅◎　言變亂黑、

訓言

白也。

沙　禮記內則「鳥皫色而沙鳴」，沙借為嘶◎　沙汰借為揩◎

池　此字不當補，詳前「沱」字下。

渠　渠魁借為鉅◎

𤅩　沙灘當為引申義。

決　決斷借為夬◎

沈　浮沈本作湛◎

涔　韓詩之「涔」有多魚，借為罧◎

正

九二

濃 尚書「農用八政」本作「濃」◎

洿 與「汙」同字。

洎 訓及者借為「臮」◎

浴 夏小正「黑鳥浴」，借為「榕」◎

淳 淳厚借為「醇」◎

濯 訓光明者借為「燿」◎

汛 潮汛借為「信」◎

泰 今語稱滑曰「滑達」，達即說文泰字◎縱泰、泰侈皆借為大◎古文之「夳」，隸省作「太」。凡載籍

之「太」字、皆借為大◎

二十二完

說文段注小箋二十二（十一篇下）

錢玄同

瀕部

瀕　隸省作「頻」。

川部

川　乾坤之坤有作「巛」者、此借「川」為「坤」者也。或謂巛當作「巛」，即「☷」卦直書書之、大謬。

巠　經脈本作「巠」◎

巟　莊子天下篇之「荒唐」、「荒」之本字亦作「巟」◎

彧　荀彧借為戫◎

永部

羕　與「永」同字。

𠂢部

𠂢　與「派」同字。

覛　字變作「覓」、因形誤為「覔」為「覔」

仌部

𠗨　凌虐借為夌◎

凋　彫敝本作凋◎

癛　今作「凜」「懍」。

雨部

雪　雪恥借為彗◎

零　今語稱「下雨」亦曰「零雨」。

零　凋零零星皆借為霝◎

霢　與「霖」轉注。

霑⿱雨染　沾染本作霑⿱雨染◎

霋　與「霽」轉注。

霩　說文無「廓」字。廓清本作霩◎廓張本作𩫏◎

説 三上

二

九五

需 音遠而義同之字、有時亦可通借、如詩文王借「躬」為「身」、說文云古文以「丂」為「于」、是其証。需之从「而」、亦是此例、借「而」為「須」、以「而」「須」義同也。「須」又以同音借為「盨」、「盨」待也。

魚部

鰥 當云从𥈮省聲。 莊子逍遥游之「鯤」本作「鰥」◎

鮒 今云「土鮒魚」。鮒讀如「捕」、乃古音也。

魦 魦魚之翅、今為珍味即稱曰「魚翅」。

鮐 詩之「黄耇台背」、台借為佗◎今作「駝」、謂曲背也。

「背有駘之」之鮮乃漢人附會之肊説、斷不足信。

鮏 魚、腥夲作鮏◎ 肉腥夲作胜◎

鱢 魚、臊夲作鱢◎ 臊◎為肉臊字。

鮝 今音轉如「想」、字誤作「鯗」

鰕 魚、蝦夲作鰕◎

龍部

龍 訓和者借為⿰禾龍◎（和者、和合之義）。

飛部

乞二二

三

乙六

𩙺　訓敬者借為趩◎

卂部

卂　與迅同字。

煢　煢獨借為赹◎

二十二完

說文段注小箋二十三（十二篇上）

錢玄同

不部

否　與「不」同字。㖃否借爲婚◎

至部

到　鳥飛從高下至地，則首向下，故到从至而引申爲顛到，今作「倒」。

臺　訓舉者借爲持◎今作「擡」。與臺亦借爲持◎（輿）借爲㕜（舁）◎

盬部

盬　良楛本作盬◎姑且本亦作盬◎左傳「伏己而盬其腦」借為餬◎

戶部

扇　古無「煽」子、亡作扇◎（煽為扇之引申義）。

門部

闟　闟、茸借為墊◎

闓　與「開」轉注。

閟　與「閉」轉注。

閣　今亦作「擱」。

閒　今誤作「間」。

閼　今之「塢」字、古即作閼◎

關　段說非。自由實借為䜌◎

𨷲　今作「鑰」。

閽　「光祿勳」本作閽◎

𨳇　今作「躪」。

閱　老子之「塞其兑」、非「閱」字之借、「兑」、古「隧」字也。

闞　「闞如虓虎」借為敢◎

耳部

耴、聑、耽、聃、聸

此五字音義皆近，當為轉注。今語稱耳曰「耳朵」，朵即上列諸字之音變。

耿

今語称「批頰」、北曰「打耳刮」、南曰「打耳光」「刮光」，皆耿字之音変。

聯

連合本作聯◎

聆

古無「齡」字，止作聆◎

職

記識本作職◎今作「誌」。

聑

安帖本作聑◎今亦作「貼」。

手部

擓　今語「鈕扣」之扣本作擓◎

拱　與「収」同字。

捾　今又作「挖」。

捘　與「推」轉注。

排　訓列者借為比◎

摧　與「推」同字。

挾　當依二徐从「夾」，段改非。

捫　今音轉如「莫」，字變作「摸」。

撓

擥　今作「攬」。

擸　今語稱理髮或曰「掠頭髮」、掠本作擸。

攜　攜貳借為⿰忄巂。

拓　今作「拍」。

摜　與「遦」同字、今作「慣」。

擾　馴擾借為⿰忄夒。

搹　「戟持也」、此戟字借為「丮」、段注非。

摺　摺疊借為褺。

搈　「動容周旋」本作搈。

擑　抵當夲作擑◎

捀　與「奉」同字。

掀　軒舉夲作掀◎

扛　與「共」同字。

扮　妝扮借為粉◎

拚　今作「抃」。

抯　今作「抓」。

拓　開拓借為磔◎

拾　詩之「決」拾借為鞈◎

言

挺　訓直者借為梃◎　訓寬者借為縕◎

撣　與「探」同字。

⿰扌毘　古無「琵琶」二字、亡作⿰扌毘◎⿰帚巴◎

抲　「盡執」抲借為迦◎

撝　指撝借為麾◎

掘　「闕地及泉」本作掘◎

摡　今作「揩」。

播　播揚播遷借為簸◎

捲　權勢、權衡本作捲◎　「一卷石」本亦作捲◎

說

文無「⿰萑頁」字古亦作捲◎

抵 段氏所引國策史記二「提」字、皆借為擿◎非借為「抵」也。

抗 左傳「吉不能亢身、焉能亢宗」、本作抗◎　抗之本義為扞蔽、故有藏匿之義、今語称藏藏物曰「抗」。高抗借為⿰亢夋◎

簎 今作「搠」、作「戳」。

挂 訓縣(即懸)者借為絓◎　方罫之「罫」說文無此字、古止作挂◎

搵　今語稱溺死者或曰「搵殺」。

捷　捷速借為疌。

掍　混合夲作掍。

二十三完

說文段注小箋二十四（十二篇下）

錢玄同

女部

姬　姬妾借為妣◎（今又借用「姨」）。

姺　說文無「莘」字、以作姺◎

奼　今語稱少女曰「小姐」、姐本作奼◎

婚　婚禮、婚嫁皆借為昏◎

婦　今語之「婆」字、古以作婦◎

媲　與「妃」同字。

㛅　與「倀」同字。

嫛、婗　嬰兒本作嫛◎婗◎

媼　與「嫗」轉注。

威　威儀借為畏◎

媦　與「妹」轉注。

妿　阿衡、阿保、及禮記內則之「可者」、本皆作妿◎

媾　訓厚者即借為厚◎

㜎　奚奴本作㜎◎

妸　後世稱人、于其名上加「阿」字、阿本作妸◎

改　妲己本作改◎

嬹　今語「高興」之興、本作嬹◎

姆　與「姝」同字。

姣　左傳「弃位而姣」、借為交◎今作「嬌」

嬛　今作「娟」。

婠　與「妴」「婉」同字。

婐　與「委」同字。

妗　舅妻曰「妗」、即「舅」之聲轉、與本義無涉。

娭　與「嫛」同字。

言

娓　與媚同字。

嬗　一曰之訓借為單◎

妓　娼妓借為技◎

嬰　與賏同字、古無攖字、止作嬰◎

媄　說文無笑字、古作媄、借用芺、芺因誤作笑。

妯　妯娌借為雔◎

媘　與渻同字。

娝　今語稱惡人曰地痞、痞本作娝◎

孃　訓母、訓少女者皆借為良◎。訓肥大者借為𦢊◎

奸　奸犯借爲干◎

妟　綏訓安者本作妟◎

乀部

也　語助之也借爲兮◎

氏部

氐　抵訓至者本作氐◎

戈部

戰　戰栗、戰懼皆借爲顫◎

戮　與鎦同字。

㦰　咸劉之咸本作㦰◎ 左傳「克滅侯宣多」、滅本亦作㦰◎

戉部

戉　詩「干戈戚揚」、揚本作戉◎

戚　親戚借為叔◎

我部

我　當以「頃頓」為本義、从古文𠂹、戈聲。 爾我借為吾◎

琴部

瑟　訓矜莊貌絜鮮貌者借為璱◎

乚

乚部

乚　與隱同字◎

亡部

乍　訓倉猝者借為迮◎

無　與亡轉注◎

匸部

區　區域、區宇皆借為丘◎

匿　說文無慝字、止作匿◎

㔷　今語稱逃或曰「溜」、溜正作㔷◎

匽　匽豬之義今作「堰」。

匚部

匚　方圓本作匚◎

匡　正其不正曰匡、借為軭◎　匡剌亦借為軭◎

𠥁　今語有「工盌」之名、工即𠥁字。

匪　篚筐本作匪◎

匫　骨董之骨本作匫◎　畢沅所得「匫鼎」、匫乃人名、非「匫」字之借。

匱　匱之借為缺◎

匯　訓田昔即借為田◎

瓦部

甍　今借鐺為之。

甂　圓甂本作甂◎

㼲　與碎同字。

弓部

弘　弘毅借為彊◎

彌　今省作彌。彌長借為镾◎

彍　今作「擴」。

弜部

弜　偪強夲作弜◎

弦部

紗　今作「拗」。

系部

孫　孫順借為愻◎　訓遁者借為遜◎

繇　段補或體「由」字非。「由」當為「甹」之古文。

二十四完

說文段注小箋二十五（十三篇上）

錢玄同

糸部

純　訓大者借為奄◎

經　經脈借為巠◎

續　訓畫者借為繪◎

纇　忿纇借為盭◎

紡　「執而紡於廷之槐」之紡、借為縛◎今作「綁」。

縕　禮記「挻重因」、挻本作縕◎

說二十五

一

一七

縱 縱橫借為從◎

縒 參差本作縒◎

繙 繁雜、煩惱、本皆作繙◎

⿰糸集 與「亼」「雥」「集」皆同字。

練 訓精簡者借為柬◎

縏 一曰之訓借為槃◎

繪 本義為繡、引申訓畫。

緹 段補或體「衹」字、非也。訓適者當作「祇」、實借為啻◎

纔　用於「才」字者，即借為才◎江沅說非。

緄　今語所云「鑲滾」，滾正作緄◎

纂　纂集借為纂◎

徽　訓善者借為媄◎（媄亦作「嬍」，與徽同，从徽聲）。

紛　紛亂、紛紜、繽紛皆借為𤔔◎

繫　繫屬借為系◎

緥　今語稱一羣人曰「一幫人」，幫借為倗◎

素部

素　由「白致繒」義引申為白質、再引申為製造模塐、今作「壉、塑」。

率部

率　大率借為律。「率爾」無本字。

虫部

虺　虺蛇本作虫。

蛕　今作「蛔」。

雖　雖然、借為婎。

蜀　方言「蜀」訓一、借為獨。蜀當別立為部首、以「蠾」字屬之。

蛾　馬蟻作「蛾」借為螘◎　蠶蛾借為䖸◎

螘　今作「蟻」。

蛝　與「蠰」同字。

蜰　今云「壁蝨」、（俗作虱、壁本作蜰◎

蠃　「一曰虒蝓」、虒蝓今作「蜒蚰」。

蛘　痛癢本作蛘◎今作「癢」。

蜎　與「肙」同字。

蟺　今稱蚯蚓曰「曲鱔」、鱔正作蟺◎

蟄　詩之「蟄蟄」、今蟄借為斟◎

蝦

魚蝦借爲鰕◎

二十五完

說文段注小箋二十六（十三篇下）

錢玄同

䖵部

䖵　昆蟲本作䖵◎

⿱我䖵　蠶蛾本作⿱我䖵◎

⿱卑䖵　今作螵。

蠭　今作蜂。

蠹　端聲變入知聲，字變作蛀。

蠡　蠡測借為⿱言⿰䖵凡◎

蠢　愚蠢之蠢為惷之誤。

蟲部

蟲　彫蟲借為彤◎

蠠　與「蟁」同字。

黽部

黽　「黽勉」复聲字、本字正一勉◎字。

鼂　當為从黽、朝省聲。

二部

恒　當為从心、亙聲。

土部

堵　堵塞借為𢿱◎

埒　訓等者借為類◎

堪　訓勝者借為戡◎

埰　「堆」「埰」雙聲字本字止一「堆」字。堆古作𠂤◎

埻　「門堂孰」本作埻◎今作「塾」。準的本亦作埻◎

墊　今之「墊子」借為簟◎　坍塌之塌、古即作墊◎

堲　堯典之「堲」借為嫉◎

坿　附益、附屬本皆作坿◎

埱　今音變，字變作「透」◎

培　加倍，本作培◎

[illegible]　因越獄之越本作[illegible]◎

垚部

垚　與「堯」同字◎

里部

野　今之「墅」字，古止作野◎

田部

䁆　訓誰者借為䫂◎　疇侶借為儔◎

說 二十六

甸　詩「維禹甸之」借為畋◎

畦　孟子之「圭田」本作畦◎

畜　孟子「畜君何尤」、畜借為㜅◎

暘　草木暘茂借為⿱艹暘◎

畕部

畕　與、「畺」同字。

畺　境界之境、古以作「竟」、竟又畺之借。

力部

勳　光祿勳借為閽◎

三

勱　今作「厲」。

勃　「色勃如也」借為「艴」◎

飭　誡飭借為敕◎

二十六完

說文段注小箋二十七（十四篇上）

錢玄同

金部

錫　布名阿錫借爲緆◎

鏤　刻鏤借爲彔◎

錄　與「綠」義近。—娽◎　記錄目錄借爲彔◎　庸錄借爲

銷鑠　蕭颯本作銷◎鑠◎　鑠訓美者借爲燿◎

釘　今人用作錯解者借爲丁◎

鍾　今語稱酒杯、茶杯，或曰「酒鍾」、「茶鍾」。

鑊　今語稱鍋，或曰「鑊子」。

鍪　兜鍪借為冃◎

鏖　與「鎬」轉注。

銚　一曰之訓借為⿸广⿰兆斗◎

鑯　今之「尖」字古作兟◎

錠　今語所云「銀錠」借為梃◎

釦　諱釦借為⿰口后◎

錯　今語所云「木戳」古作錯⊙

銎 今作「銃」。

鑿 精鑿借為糳。

銛 銛利借為兟。

鏝 今之「漫」字古止作鏝。

鈇 鈇鉞借為斧。

鎎 今語稱發怒曰「生氣」、氣本作鎎。

鐂 段改「鐂」字作此形、非也。正篆當依二徐本作「鐂」、从金畱聲。其下當補重文「劉」字云鐂或从金从刀丣聲。

与

勺部

与　與「予」同字。

斤部

所　「予所否者，所不與舅氏同心者」，皆倒語，猶言「予若有否處，若有不與舅氏同心之處」也。

斯　今作「撕」。

釿　今稱敲釘之椎或曰「釿頭」。

新　新舊借為鱻◎

斗部

斛　禮記「角斗角」、甬本作斛◎

魁　魁首借為顝◎

斠　計較、大較、角力校讎、比校、本皆作斠◎

矛部

矠　今作「戳」。

矜　訓憐者即借為憐◎

車部

軒　軒敞借為㬎◎

言

輯　和輯借為計◎

輅　訓迓者借為訝◎

載　訓年者借為茲◎

輩　排比本作輩◎

連　與「輦」同字。

𠂤部

𠂤　詩「追琢其章」借為琱◎段說非

二十七完

說文段注小箋二十八（十四篇下）

錢玄同

𨸏部

阿　訓美貌者借為旖◎　阿保借為妿◎

陋　側陋借為㔷◎

隤　與「隊」同字。　隊伍借為𠂤◎

隓　隋落借為陊◎

⿰阝頃　與「傾」同字。

隱　說文無「穩」字、安穩古止作「隱」、實借為㥯◎　隱

言 二八

痛借為懇◎

陶　陶器借為匋◎

除　古無「塗」「途」字、止作「涂」、本字實作除◎

厽部

厽　與「絫」同字。

絫　今作「累」。牽累借為纍◎

宁部

宁　與「貯」同字。

叕部

一

二六

叕 與「綴」同字。

亞

亞部

醜惡本作亞◎

⿱亞日 春夏本作⿱亞日，从亞日會意，謂夏日可畏也。

九部

馗 「从首」當爲从道省。

禸部

萬 與「蠆」同字。千萬之萬，漢碑已有作「万」者，疑是本字，但不知所从何字。

甲

甲部

本義當為孚甲。

乙

乙部

許說當是本義。

乾

乾濕借為暵。

丙

丙部

當為「髆」之初文、象人兩肩形。今語稱肩曰「肩膀」，猶是「丙」之古音。

丁部

丁　本義當訓鐕、今借用「釘」字、訓丁實丁壯者皆其引申義。

戊部

戊　當為「矛」之古文。

成　本義當為擊刺、與「朾」同。　成就借為定。

己部

己　與「㠱」「跽」同字。

庚部

庚　字當為从収會意、即「更」「卒」之本字。　詩之「由」

庚借為迒◎

辛部

辛 本義當訓罪、字从䇂上會意。引申為辛苦、辛辣。

辜 周禮「殺王之親者辜之」、辜借為⿰歹古◎ 辜較不知何字之借、或謂當从廣雅作「嫴」、亦未諦。

辥 罪孽本作辥◎

辡部

辡 辯論、辨難本作辡◎

辡

此即今之「辦」字。

壬部

壬

本義當為儋何(今作擔荷)。

癶部

癶

即撥之古字。正篆从二木交錯。籀文从癶(猶从步也)从矢。木、足、矢、皆為度地之用。

子部

子

本義當為小兒。引申為男子之美稱。籀文[illegible]、形誤作「𡿺」。

孽　妖孽借為蠥◎　罪孽借為辥◎

了部

了　明了、了悟皆借為憭◎

丑部

丑　當為「杽」之古字●

羞　訓恥者借為恧◎

寅部

寅　當為「胛」之古字。

卯部

卯　字从反門當為「冒」古字。

辰部

辰　當為「娠」之古字。

巳部

巳　本義當為胎兒、即「胎」之古字。

吕　賈侍中說「吕　逗　意吕實也」。謂薏苢（今作薏苡）、古作「意吕」、段說非。論衡「禹母吞薏苡而生禹」故夏姓曰「姒」。說文無「姒」字、蓋夏姓古止作吕◎娣姒古止作似◎

說二十八

午　午部　當為「杵」之古字。　午貫、交午借為乂◎（五之古文。

未　未部　當為「味」之古字。

申　申部　當為「電」之古字。不致作[illegible]、為其本形、一誤為古文之𢀩、再誤為籀文之𤰱。　三誤乃為小篆之申。

酉部

酉、丣 酉當為古「酒」字、丣當為古「留」字、非一字也。經典之「卣」、即酉之異體。

酤 一曰之訓借為賈◎

酷 酷虐借為嚳◎

⿰酉市 與「配」同字。

配 配偶借為妃◎

醺 今尚有「醉醺」之語。

戌部

光二九

六

一二一

戌

當為「威」之古字。

亥

古文作「𠀅」、與古文「豕」同。蓋「亥」即「豕」之誤體，「一」誤「二」，「𠃌」誤「𠂢」。秦刻石「刻」字左从「𠀅」、為初誤之形。說文又誤作「𠀅」、於是有「褱子咳咳」及「一人男一人女」之說矣。

二十八完